ALPHABET

INSTRUCTIF

et

RELIGIEUX.

BORDEAUX,

CHEZ P. DUCOT, ÉDITEUR-PROPRIÉTAIRE,

rue Poudiot, n. 9.

1845.

Les formalités voulues par la loi ayant été remplies, tous les exemplaires non signés par l'Éditeur seront réputés contrefaits.

F. Ducot

PRIX :

Broché, avec couverture forte, l'exemplaire.......... »f 30c
— — la douzaine........... 3 »
— — le cent................. 20 »

Tableaux de l'*Alphabet instructif et religieux* (huit feuilles in-folio)...

BORDEAUX, IMPRIMERIE DE HENRY FAYE,
rue Sainte-Catherine, 139.

OBSERVATIONS PRÉLIMINAIRES.

FIGURES DES LETTRES ET MANIÈRES DE PRONONCER LES CONSONNES.

LETTRES		PRONONCIATIONS		CONSONNES VARIABLES.
romaines.	italiques.	ancienne.	nouvelle.	
A, a	*A, a*	a	a	C se prononce comme S, devant *e, i, y* : ce-ci; ci-té; cy-gne.
B, b	*B, b*	bé	be	
C, c	*C, c*	cé	ce, que	Ç comme S, devant *a, o, u* : fa-ça-de; le-çon; re-çu.
D, d	*D, d*	dé	de	
E, e	*E, e*	é	e *	G comme J, devant *e, i, y* : ju-ge; rou-gir; É-gyp-te.
F, f	*F, f*	effe	fe	
G, g	*G, g*	gé	ge, gue	Ge comme J devant *a, o, u, au, oi* : il ran-gea; pi-geon; ga-geu-re; rou-geaud; man-geoi-re.
H, h	*H, h*	hache	he	
I, i	*I, i*	i	i	
J, j	*J, j*	ji	je	H muette : l'*h*is-toi-re.
K, k	*K, k*	ka	ke	
L, l	*L, l*	elle	le	H aspirée : le *h*a-meau.
M, m	*M, m*	emme	me	S comme Z, entre deux voyelles : ru-sé; dé-sir; re-po-soir; ro-se.
N, n	*N, n*	enne	ne	
O, o	*O, o*	o	o	
P, p	*P, p*	pé	pe	T comme S, devant *ion, ieux, ient, ial* : na-tion; mi-nu-tieux; pa-tient; mar-tial.
Q, q	*Q, q*	cu	que	
R, r	*R, r*	erre	re	
S, s	*S, s*	esse	se, ze	X comme Gs : e-xem-ple.
T, t	*T, t*	té	te, st	X comme Z : di-xième.
U, u	*U, u*	u	u	
V, v	*V, v*	vé	ve	
X, x	*X, x*	icse	cse, gze	
Y, y	*Y, y*	i grec	iye	
Z, z	*Z, z*	zède	ze	

Remarque. E se prononce comme è devant b, c, d, f, g, l, p, r, s, t, lorsque ces lettres sont finales ou qu'elles sont suivies d'une seconde consonne, et devant *x* : Ho-re*b*; pec-to-ral; *Ed*-mond; ef-fet (è-fè); fleg-me; el-le (è-le); rep-ti-le; er-mi-te; pes-te; ex-trê-me.

VALEUR EXCEPTIONNELLE DE QUELQUES LETTRES ET DIPHTHONGUES.

ai se prononce comme *e* dans les temps du verbe *faire* où il est suivi de *s :* nous faisons *(fe-sons)*; faisant *(fe-sant)*.

c se prononce comme *g* dans second *(se-gond)*; cicogne *(ci-go-gne)*.

ch comme *g* dans drachme *(drag-me)*.

ch comme *k* dans chlore *(klo-re)*; archange *(ar-kan-ge)*; orchestre *(or-kes-tre)*; chaos *(ka-os)*.

d, à la fin des mots, prend le son du *t :* grand homme, de fond en comble, se prononcent comme s'il y avait : *granthomme, de fonten comble.*

e suivi de *m* ou de *n* se prononce *a* dans un grand nombre de mots : femme *(fa-me)*; solennel *(so-la-nel)*; enivrer *(a-ni-vrer)*; s'enorgueillir *(s'a-nor-gueill-ir)*.

es se prononce *è* dans les monosyllabes et dans les mots où ces monosyllabes forment la syllabe initiale; l'e reste muet dans les autres cas : *les, des, tes, ses : l*esquels; *d*esquels; — mer*les;* har*des;* lar*mes;* pes*tes;* mes*ses.*

eu comme *u* dans les temps du verbe *avoir* où cette voyelle se rencontre, et dans les mots *gageure; mangeure; vergeure,* etc.

g se prononce *c* dur *(k)* dans gangrène *(kan-grè-ne)*.

gn comme *gue-n* dans *prog-né; ig-né; stag-nant; stag-nation*. Mais on dit : *a-gneau; in-co-gni-to.*

ill (l mouillée*)* se prononce *ie* dans un grand nombre de mots : mouillé se lit mouill-é *(moui-é)*; mais il serait plus naturel de faire entendre le son du *l* précédé et suivi du son *i.*

il se prononce comme *ill (l* mouillé*)* dans sole*il (so-leill-e)*; trava*il (tra-vaill-e)*; accue*il (a-ccueill-e).*

ph se prononce *fe : phi-lo-so-phe.*

s se prononce comme *z* dans *transiger; balsamine.*

t comme *ss* dans *Metz; Retz.*

u se fait entendre dans aiguiser *(ai-gu-i-ser)*; aiguille *(ai-gu-ill-e).*

w double *v*, qui se prononce *ou* et *ve*, est purement allemand et anglais : *wagon (vagon); wisk (oui-ce-ke).*

x se prononce *cs (k), gz, ss, z, k, s :* extrême *(eks-tré-me)*; index *(in-decs)*; exemple *(egz-em-ple)*; Bruxelles *(Bru-ssel-les)*; soixante *(soi-ssan-te)*; sixième *(si-ziè-me)*; exception *(ék-cèp-cion)*; six *(sis)*; dix *(dis).*

y précédé d'une voyelle dans le corps des mots se prononce *i-i :* cito*y*en *(ci-toi-ien)*; pa*y*san *(pai-isan)*; vo*y*ageur *(voi-ia-geur).*

z sonne comme *s* à la fin des noms propres : Suè*z*; Rodè*z*.

LETTRES NULLES DANS LA PRONONCIATION.

a   S*a*one (Sône); t*a*on (tan); *a*oût (où); to*a*st (tost); *a*oriste (o-ris-te).
b   plom*b* (plon).
c   estoma*c* (es-to-ma); taba*c* (ta-ba); blan*c* (blan); accro*c* (a-cro); por*c* (por).
ch   almana*ch* (al-ma-na).
cs   fran*cs* (fran); la*cs* (lâ).
d   chau*d* (chau); lar*d* (lar); gon*d* (gon).
e   Ca*e*n (Can); ass*e*oir (a-ssoir); dévou*e*ment (dé-vou-men).
f   cer*f* (cer); cle*f* (clé); œu*f* (œu); œu*fs* (œu); ner*f* de bœu*f* (ner de beu);
g   haren*g* (ha-ren); vin*gt* (vin).
i   o*i*gnon (o-gnon); enco*i*gnure (en-co-gnu-re); po*i*gnard (po-gnar). po*i*gnet (po-gnè).
l   outi*l* (ou-ti); fusi*l* (fu-si); gri*l* (gri); persi*l* (per-si); soû*l* (soû); fi*ls* (fi); pou*ls* (pou); au*lx* (au); fau*lx* (fau).
m   da*m*ner (da-né); auto*m*ne (au-to-ne).
n   Béar*n* (Bé-ar)·
nt   ils aim*ent* (ai-me); ils aimai*ent* (ai-mè).
o   pa*o*n (pan); fa*o*n (fan).
p   ba*p*tême (ba-tê-me); ce*p* (cè).
ps   cor*ps* (cor).
q   co*q*-d'Inde (co-d'Inde); cin*q* (devant les mots qui commencent par une consonne), francs (cin fran).
r   ne se fait entendre que devant une voyelle ou une h muette : aime*r* l'étude se prononce aimé l'étude; aime*r* à chanter (aiméra chanté).
r   monsieu*r* (mo-ssieu).
s   est nulle dans dè*s* que, tandi*s* que, et à la fin des mots diver*s*, avi*s*, o*s*, alor*s*, mœur*s*, à moins que le mot suivant ne commence par une voyelle.
st   Jesus-Chri*st* (Je-su-Cri); on dit le Christ.
t   chocola*t* (cho-co-la); défau*t* (dé-fau).
th   as*th*me (as-me); Go*th* (Gô).
u   q*u*e (qe); q*u*i (qi); q*u*elconq*u*e (qel-con-qe).
x   flu*x* (flu); pai*x* (paî); heureu*x* (eu-reu).
z   ri*z* (ri).

SYLLABATION ET LECTURE.

1° Quand deux voyelles se suivent dans le même mot, il faut les séparer, si, réunies, elles ne doivent point former une voyelle composée dans la forme ou dans la réalité (diphthongue) : *suite* (sui-te) ; *cruauté* (cru-au-té).

2° La syllabe finit à la voyelle qui est accentuée ou suivie d'une seule consonne : *aisément* (ai-sé-ment) ; *Siméon* (Si-mé-on) ; *facilité* (fa-ci-li-té) ; *dégénéré* (dé-gé-né-ré).

La raison de cette règle est, d'une part, que la voix trouve un repos suffisant sur la voyelle accentuée ; de l'autre, que la consonne placée entre deux voyelles est nécessaire pour articuler la seconde.

Remarque. Toute voyelle marquée d'un tréma (··) commence la syllabe : *haïra* (ha-ï-ra) ; *Moïse* (Mo-ï-se) ; *ciguë* (ci-gu-ë).

3° Si la voyelle non accentuée est suivie de plusieurs consonnes, on prend la première de ces consonnes pour la joindre à la voyelle. Il faut en excepter les consonnes doubles dans la forme, et celles où les lettres h, l, n, r, occupent la seconde place : *lecture* (lec-tu-re) ; *orthographe* (or-tho-graphe) ; *enseignement* (en-sei-gne-ment).

4° On ne joint à la dernière voyelle d'un mot que la première des consonnes qui la suivent, si toutefois cette consonne est l'une des six c, f, l, m, n, r, auxquelles il faut ajouter *x* pour les mots tirés du grec et quelques autres tirés du latin ; sinon on les néglige toutes : *sacs* (sac-s) ; *neufs* (neuf-s) ; *sels* (sel-s) ; *prompts* (prom-pts) ; *ponts* (pon-ts) ; *accords* (accor-ds) ; *doigts* (doi-gts) ; *coups* (cou-ps). Mais on dit *sphinx* (sphinx) ; *lynx* (lynx) ; *index* (index).

5° La lecture à haute voix demande une prononciation distincte et pure, l'intelligence parfaite de ce qu'on lit, l'emploi convenable des liaisons, le jeu précis de la respiration, la coupure sentie des phrases, etc. Il faut une telle perfection d'organe, tant de tact, de goût et de sentiment, qu'il est fort rare de savoir bien lire. Bien lire est souvent plutôt un don naturel qu'un don acquis. Du reste, cet art ne peut s'enseigner que de vive voix.

ALPHABET.

CHAPITRE PREMIER.

Lettres. — Syllabes. — Épellation.

Ier EXERCICE.

Majuscules romaines.

A B C D E F G H
I J K L M N O P
Q R S T U V X Y Z

Majuscules italiques.

**A B C D E F G H
I J K L M N O P Q
R S T U V X Y Z.**

Minuscules romaines.

**a b c d e f g h
i j k l m n o p q
r s t u v x y z.**

Minuscules italiques.

***a b c d e f g h
i j k l m n o p q
r s t u v x y z.***

Accents.

aigu.   grave.   circonflexe.   tréma.

′   ‵   ∧   ••

IIᵃ EXERCICE.

Voyelles.

a, e, é, è, i, y, o, u.

Consonnes.

b, c, d, f, g, h, j, k, l, m,
n, p, q, r, s, t, v, x, z.

Diphthongues.

eu, ie, ou, ue.

---

an, in, on, un.

ia, ié, iè, io, ieu, ian,
ien, ion, oi, oin, oui, ui, uin.

æ, œ, ai, au, ei, ay.

Articulations.

bl, br, cl, cr, fl, fr, gl, gr,
pl, pr, dr, tr, vr, st, str, sc,
scr, sp, spl, ps.

IIIe EXERCICE.

Ordre des lettres d'après l'analogie du son.

a, â; — e, é, è, ê; — i, î, y; — o, ô; u, û.

b, p, f, v; c, k, q; g, j; d, t; l, m, n, r, s, x, z; h; ch, ph (f), ill, gn.

Syllabes.

ba,	be,	bé,	bè,	bê,
bi,	bo,	bu,	bâ,	bû,
pe,	pé,	pè,	pê,	pi,
po,	pu,	pâ,	pa,	py,
ce,	cé,	cè,	cê,	ci,
cy,	co,	ca,	cu,	câ,
ka,	ki,	ko,	qui,	que,
jo,	ju,	ja,	je,	jé,
di,	do,	dy,	du,	de,
da,	dé,	dê,	dè,	dô,
ta,	ti,	to,	ty,	tu,
te,	tâ,	té,	tô,	tê,
fu,	fâ,	fe,	fa,	fé,
fè,	fê,	fi,	fo,	va,
vo,	vi,	vu,	ve,	vé,

vê,	le,	la,	lé,	lè,
lo,	li,	ly,	lu,	lâ,
re,	ri,	ro,	ry,	ru,
râ,	ra,	rè,	rê,	rô,
me,	mé,	mè,	mê,	mi,
mo,	my,	mu,	mâ,	ma,
nè,	ni,	no,	nu,	ne,
na,	né,	su,	sa,	se,
sé,	sè,	si,	so,	sy,
zé,	zo,	zè,	zu,	ze,
zi,	za,	zy,	xa,	xé,
cha,	che,	châ,	ché,	chè,
chi,	chê,	cho,	chu,	chy,
phi,	phe,	pha,	pho,	phé,
phè,	phy,	gna,	gné,	gno,
veu,	dou,	rue,	tie,	tan,
tin,	ron.			

Mots faciles à épeler.

a-mi,	*da-me,*	bo-bi-ne.
é-pi,	de-mi,	*bé-ti-se.*
î-le,	*dé-fi,*	pa-ta-te.
o-de,	vo-lé,	*pi-lo-te.*
u-ne,	*ta-pe,*	ca-ba-ne.
ba-se,	ri-dé,	*ce-ri-se.*
ro-be,	*tê-te,*	ky-ri-é.
pa-pa,	ra-te,	*ta-qui-né.*
pi-pe,	*sa-li,*	ca-jo-lé.
ca-fé,	fa-de,	*do-mi-no.*
co-co,	*zé-ro,*	vé-ri-té.
ga-ze,	cu-ré,	*nu-mé-ro.*
ki-lo,	*so-fa,*	dé-fi-ni.
jo-li,	bê-te,	*va-ni-té.*
ju-ré,	*lu-ne,*	sa-la-de.
la-me,	li-zé,	*ré-u-nir.*
li-me,	*vê-tu,*	é-co-le.
mè-re,	lo-gé,	*u-ni-té.*
no-té,	*rê-ve,*	a-do-ré.
po-li,	pa-vé,	*fa-ci-li-té.*

IVᵉ EXERCICE.

*Consonnes doubles équivalant dans la prononciation
à une consonne simple.*

**bb, pp, ff, cc, gg, tt, ll, mm,
nn, rr, ss, sc** (devant *e, i, y*), **cq.**

Syllabes.

ab,	il,	or,	ut,	ed,
af,	el,	op,	us,	al,
ep,	ir,	ba,	je,	vo,
du,	mi,	ra,	le,	no,
pu,	si,	fa,	to,	xi,
ma,	bé,	ni,	pa,	né,
do,	su,	na,	mè,	ri,
fo,	ju,	ta,	te,	lo,
vu,	xa,	ze,	sa,	nu,
bla,	ble,	bli,	blo,	blu,
bra,	bre,	bri,	bro,	bru,
cla,	cle,	cli,	clo,	clu,
cra,	cre,	cri,	cro,	cru,

dra, dre, dri, dro, dru,
fla, fle, fli, flo, flu,
fra, fre, fri, fro, fru,
phla, phle, phli, phlo, phlu,
phra, phre, phri, phro, phru,
gla, gle, gli, glo, glu,
gra, gre, gri, gro, gru,
pla, ple, pli, plo, plu,
bau, deu, mou, lay, pay,
veau, moi, voy, pey, san,
bon, loin, len, jou,
faim, main, sein, join,
dou, fau, sail,
chair, gnol, teil,
phar, cham, gneul, nouil,
phré, char, gneau,
deuil, phla, chou, gnon.

---

a, b, c, d, e, f, g, h, i, j, k, l, m,
n, o, p, q, r, s, t, u, v, x, y, z.

Mots à épeler.

(Les lettres en caractères italiques ne doivent pas se prononcer.)

Dieu.	Jé-sus.	a-gneau.
foi.	dé-vo-tion.	plu-me.
bien.	heu-reux.	mou-lin.
juin.	ju-re-ment.	gla-ce.
man-che.	ca-bi-net.	nou-veau.
ja-loux.	ré-ser-voir.	pay-san.
ma-man.	ri-gou-reux.	voy-a-geur.
ri-deaux.	cha-pel-le.	faim.
sa-von.	i-gno-rant.	main.
ca-non-nier.	pa-tis-sier.	chair.
fa-ça-de.	a-che-ter.	char-bon.
pi-geon.	ou-blier.	que-nouil-le.
rou-gir.	bra-va-de.	cham-pê-tre.
pa-tien-ce.	en-clu-me.	moi-si.
ru-sé.	cro-chet.	pil-lage.
dia-ble.	at-ten-dri.	é-pa-gneul.
pio-che.	fro-ma-ge.	cor-don-nier.
bor-gne.	gan-grè-ne.	a-breu-voir.
hom-me.	a-dou-ci.	mi-roir.
han-ne-ton.	gro-gnon.	mon-sieur.

Mots à épeler.

(Les lettres en caractères italiques ne doivent pas se prononcer.)

a*p*–pren–ti.	ha–ïr.	ex–em*pt*.
o–bé–*is*–san–ce.	na–ïf.	fran*c*.
ins–truc–tion.	ci–gu–ë.	al–ma–na*ch*.
es–pé–ran–ce.	fa–ï–en–ce.	es–to–ma*c*.
ur–gen–ce.	plom*b*.	ha–ren*gs*.
a–gri–cul–teur.	dra*p*.	qu*a*–tre–vin*gts*.
mé–moi–re.	doi*gt*.	fon*ds*.
re–po–soir.	poin*g*.	Jé–su*s*–C*h*ris*t*.
a–ra–plui*e*.	lon*g*.	cham–bre.
s–suy–e*r*.	chau*d*.	im–pur.
r–guei*l*–leu*x*.	lar*d*.	syn–dic.
ha–toui*l*–leu*x*.	dé–fau*t*.	par–fum.
é–vou*e*–men*t*.	ou–ti*l*.	peu–ple.
a–pi–tai–ne.	fu–si*l*.	pa*o*n.
en–son–ge.	ja–mai*s*.	S*a*o-ne.
ils) i–gno–re*nt*.	ta–pi*s*.	C*a*en.
–moi–gna–ge.	pai*x*.	*c*ha–os.
–lu–sion.	noi*x*.	ga–zoui*l*–le*r*.
n–ga–ge.	cor*ps*.	dra*ch*–me.
a–lom–ni*e*.	*a*oû*t*.	zig–zag.

Vᵉ EXERCICE.

Liaison des mots.

(Les lettres en caractères italiques ne doivent pas se prononcer.)

gran-d*e* a*f*-fai-re,	gran-d*af*-fai-re.
gran*d* ho*m*-me,	gran-t'*hom*-me.
ran*g* é-le-vé,	ran-*k*é-le-vé.
vou*s* ê-te*s* ai-ma-ble,	vou-zè-te-zai-ma-ble.
bon a-mi,	bo-na-mi.
bon*s* a-mis,	bon-za-mis.

Apostrophe.

l*e* a-mi,	l'a-mi.
l*a* u-nion,	l'u-nion.
qu*e* il,	qu'il.
qu*e* e*l*-le,	qu'e*l*-le.
lors-qu*e* on,	lors-qu'on.
c*e* est,	c'est.
j*e* ai-me,	j'ai-me.
s*e* o*c*-cu-pe*r*,	s'oc-cu-per.
moin*s* d*e* o-deur,	moin*s* d'odeur.
l*a* hi-ron-de*l*-le,	l'hi-ron-de*l*-le.

Ponctuation. — Chiffres.

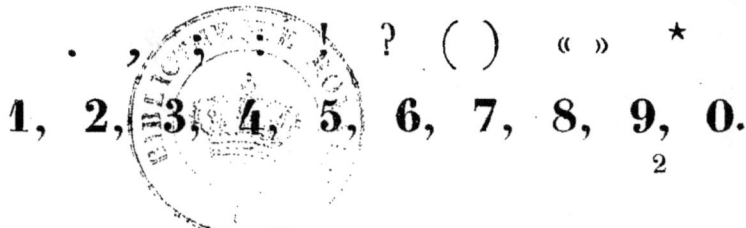

2

CHAPITRE DEUXIÈME.

Lecture épelée.

(Les lettres en caractères italiques ne doivent pas se prononcer.)

Vérités et Prières principales de la Religion.

I. Les principaux Mystères de la Foi.

1° Il * n'y * a * qu'un * seul * Dieu. Il * y * a trois * per–son–nes * en * Dieu, le * Pè–re, le * Fi*l*s et * le * S*a*int–Es–pri*t*. Ces * trois * Per–son–nes é–ga–les * en * tou–tes * cho–ses * ne * sont * qu'un seul * Dieu. C'es*t* le * Mys–tè–re * de * la * S*a*in–te Tri–ni–té.

2° La * se–con–de * Per–son–ne, q*u*i * est * le Fi*l*s, s'est * fait *hom*–me * pour * nous * dans * les * en–trai*l*–les * sa–cré–es * de * la * glo–rieu–se Vi–er–ge * Ma–rie * par * l'o–pé–ra–tion * du * S*a*int–Es–pri*t*. Le * Fi*l*s de * Dieu * fait *hom*–me, ap–pe–lé * Jé–sus–C*h*ris*t*, c'est * le * Mys–tè–re * de l'In–car–na–tion.

3° Jé–sus–C*h*ris*t* * est * mort * sur * la * croi*x* pour * nous * ra–che–te*r*. C'es*t* le * Mys–tè–re de * la * Ré–demp–tion.

Les * jus–tes * jou–i–ron*t* * d'un * bon–*h*eur * é–ter–nel * dans * le * Ci–el. Les pé–cheurs * su–biront * un * tour-ment * é-ter-nel * dans * l'En-fer. Que * sert * à l'*hom*-me * de * ga-gne*r* * l'u-ni-ver*s* s'il * per*d* * son * à-me?

II. Le Symbole des Apotres.

1. Je * croi*s* * en * Dieu, Pè-re * tou*t*-pui*s*-san*t*, Cré-a-teur * du * Ci-el * e*t* * de * la * Te*r*-re;
2. E*t* * en * Jé-su*s*-C*h*rist * son * fi*l*s * u-ni-q*u*e No-tre * Sei-gneur;
3. Q*u*i * a * é-té * con-çu * du * Saint-Es-pri*t*, es*t* né * de * la * Vi-er-ge * Ma-ri*e*;
4. A * sou*f*-fert * sou*s* * Pon-ce * Pi-la-te, a * é-té cru-ci-fié, es*t* * mort, a * é-té * en-se-ve-li;
5. Es*t* * des-cen-du * au*x* * en-fer*s*; et * le * troi-siè-me * jour, es*t* * res-su*s* ci-té * de*s* * mor*ts*;
6. Es*t* * mon-té * au*x* * cieu*x*; es*t* * a*s*-si*s* * à * la droi-te * de * Dieu * le * Pè-re * tou*t*-pui*s*-san*t*;
7. D'où * il * vien-dra * ju-ge*r* * les * vi-van*ts* * et les * mor*ts*.
8. Je * croi*s* * au * S*ai*n*t*-Es-pri*t*;
9. La * S*ai*n-te * É-gli-se * ca-tho-li-que; la co*m*-mu-nion * de*s* * S*ai*n*ts*;
10. La * ré-mi*s*-sion * de*s* * pé-ché*s*;
11. La * ré-su*r*-rec-tion * de * la * chair;
12. La * vi*e* * é-ter-ne*l*-le. Ain-si * soit-il.

III. Les Commandements de Dieu.

1. Un * seul * Dieu * tu * a–do–re–ras,
   E*t* * ai–me–ra*s* * par–fai–te–men*t*.

2. Dieu * en * vain * tu * ne * ju–re–ra*s*,
   Ni * au–tre * cho–se * pa–rei*l*–le–men*t*.

3. Le*s* * Di–man–che*s* * tu * gar–de–ra*s*,
   En * ser–van*t* * Dieu * dé–vo–te–men*t*.

4. Te*s* * pè–re * et * mè–re * *ho*–no–re–ra*s*,
   A–fin * de * vi–vre * lon–gue–men*t*.

5. Ho–mi–ci–de * ne * *com*–met–tra*s*,
   De * fai*t* * ni * vo–lon–tai–re–men*t*.

6. Lu–xu–rieu*x* * tu * ne * se–ra*s*,
   Par * ac–tion * ni * con–sen–te–men*t*.

7. Le * bien * d'au–trui * tu * ne * pren–dra*s*,
   Ni * re–tien–dra*s* * in–jus–te–men*t*.

8. Fau*x* * té–moi–gna–ge * ne * di–ra*s*,
   Ni * men–ti–ra*s* * au–cu–ne–men*t*.

9. L'œu–vre * de * chair * ne * dé–si–re–ra*s*,
   Qu'en * ma–ria–ge * seu–le–men*t*.

10. Bien*s* * d'au–trui * ne * con–voi–te–ra*s*,
    Pour * les * a–voir * in–jus–te–men*t*.

IV. Les Commandements de l'Église.

1. Le*s* * Di-man-che*s* * la * me*s*-se * ou-ï-ra*s*,
   E*t* * les * fê-te*s* * pa-rei*l*-le-men*t*.

2. Le*s* * fê-te*s* * tu * san*c*-ti-fi*e*-ra*s*,
   Q*u*i * te * son*t* * de * co*m*-man-de-men*t*.

3. Tou*s* * te*s* * pé-ché*s* * con-fe*s*-se-ra*s*,
   A * tou*t* * le * moin*s* * u-ne * foi*s* * l'an.

4. Ton * Cré-a-teur * tu * re-ce-vra*s*,
   Au * moin*s* * à * Pâ-q*u*e*s* * *h*um-ble-men*t*.

5. Q*u*a-tre-tem*ps*, vi-gi-le*s* * jeû-ne-ra*s*,
   E*t* * le * ca-rê-me * en-tiè-re-men*t*.

6. Ven-dre-di * chair * ne * man-ge-ra*s*,
   Ni * le * sa-me-di * mê-me-men*t*.

V. La Prière enseignée par Jésus-Christ.

No-tre * Pè-re, q*u*i * ê-te*s* * dan*s* * les * cieu*x*,
1. Q*u*e vo-tre * nom * soi*t* * san*c*-ti-fié;

2. Q*u*e * vo-tre * rè-gne * a*r*-ri-ve;

3. Q*u*e * vo-tre * vo-lon-té * soi*t* * fai-te * sur la * te*r*-re * co*m*-me * au * ci-el;

4. Do*n*-nez-nou*s* * au-jour-d'*h*ui * no-tre * p*a*in de * cha-q*u*e * jour;

5. Par-do*n*–nez–nou*s* * no*s* * *of*–fen-se*s*, com—
me * nou*s* * par-do*n*–non*s* * à * ceu*x* * qui
nou*s* * on*t* * *of*–fen–sé*s*;

6. Ne * nou*s* * lai*s*–sez * pa*s* * suc–com–be*r* * à
la * ten-ta-tion;

7. Mai*s* * dé–li–vrez–nou*s* * du * mal.
Ain–si * soi*t*–il.

VI. La Salutation de l'Ange.

Je * vou*s* * salu*e*, Ma-rie * plei–ne * de * grâ–ce;
le * Sei-gneur * e*st* * a-vec * vou*s*.
Vou*s* * ê-te*s* * bé–ni*e* * par-de*s*-sus * tou-te*s* * les
fe*m*-me*s*, e*t* * Jé–su*s*, le * frui*t* * de * vos * en-trai*l*-le*s*, e*st* * bé–ni.
S*a*in-te * Ma-ri*e*, Mè-re * de * Dieu, pri-ez * pour
nou*s*, pau-vre*s* * pé-cheur*s*, m*a*in-te-nan*t* * et * à
l'*h*eu-re * de * no-tre * mor*t*.   Ain–si * soi*t*-il.

VII. Les Sacrements.

Il * y * a * se*pt* * Sa-cre-men*ts* : le * Bap-tê-me, la
Con-fir-ma-tion, l'Eu-*ch*a-ris-*t*ie, la * Pé-ni-ten-ce, l'Ex-trê-m*e*-Onc-tion, l'Or-dre * e*t* * le Ma-ria-ge.
1º Le * Ba*p*-tê-me * es*t* * un * sa-cre-men*t* * qui
e*f*-fa-ce * le * pé-ché * o-ri-gi-nel * e*t* * nou*s* * fait
en-fa*n*t*s* * de * Dieu * e*t* * de * l'E-gli-se.
2º La * Con-fir-ma-tion * est * un * sa-cre-ment
qui * nou*s* * don-ne * le * Saint-Es-pri*t* * e*t* * nous
ren*d* * par-fai*ts* * *Ch*ré-tien*s*.

3º L'Eu-cha-ris-tie * est * un * sa-cre-ment * qui con-tient * ré-el-le-ment * et * subs-tan-ti-el-le-ment le * corps, le * sang, l'à-me * et * la * divi-ni-té de * No-tre * Sei-gneur * Jé-sus-Christ, sous * les es-pè-ces * ou * ap-pa-ren-ces * du * pain * et * du vin. Nous * re-ce-vons * ce * sa-cre-ment * par * la sain-te * com-mu-nion.

4º La * Pé-ni-ten-ce * est * un * sa-cre-ment * qui re-met * les * pé-chés * com-mis * a-près * le * bap-tê-me. Nous * re-ce-vons * ce * sa-cre-ment * lors-que * le * con-fes-seur * nous * don-ne * l'ab-so-lu-tion. Pour * le * re-ce-voir * di-gne-ment, il * faut : 1º E-tre * fâ-ché * d'a-voir * of-fen-sé * Dieu, et for-mer * la * ré-so-lu-tion * de * ne * plus l'of-fen-ser. 2º S'ac-cu-ser * de * tous * les * pé-chés, au moins * mor-tels, qu'on * a * pu con-naî-tre * a-près * un * ex-a-men * di-li-gent. 3º E-tre * dans * la dis-po-si-tion * de * fai-re * la * pé-ni-ten-ce * que * le con-fes-seur * nous * im-po-se-ra.

5º L'Ex-trê-me-Onc-tion * est * un * sa-cre-ment é-ta-bli * pour * le * sou-la-ge-ment * spi-ri-tu el * et cor-po-rel * des * ma-la-des.

6º L'Or-dre * est * un * sa-cre-ment * qui * don ne le * pou-voir * de * fai-re * les * fonc-tions * ec-clé-si-as-ti-ques * et * la * grâ-ce * pour * les * ex-er-cer sain-te-ment.

7º Le * Ma-ria-ge * est * un * sa-cre-ment * qui sanc-ti-fie * la * so-cié-té * lé-gi-ti-me * de * l'hom-me * et * de * la * fem-me.

Il * faut * ê-tre * en * é-tat * de * grâ-ce * pour re-ce-voir * di-gne-ment * la * Con-fir-ma-tion, l'Eu-cha-ris-tie, l'Ex-trê-me-Onc-tion, l'Or-dre, et * le Ma-ria-ge.

VIII. Actes des Vertus théologales.

Acte de Foi.

Mon * Dieu, je * crois * fer-me-men*t* * toute*s* * le*s* vé-ri-té*s* * q*ui* * nou*s* * son*t* * pro-po-sé-*es* * par * l'E-glise, par-ce * que * c'es*t* * vou*s*, vé-ri-té * infai*l*-li-ble, q*ui* * le*s* * lui * a-vez * ré-vé-lé-*es*.

Acte d'Espérance.

Mon * Dieu, j'es-pè-re * de * vo-tre * bon-té * la vi*e* * é-ter-ne*l*-le * et le*s* * moy-en*s* * d'y * a*r*-ri-ve*r*, par-ce * q*ue* * vou*s* * me * l'a-vez * pro-mi*s* * e*t* * q*ue* vous * ê-te*s* * fi-dè-le * dan*s* * vo*s* * pro-me*s*-se*s*.

Acte de Charité.

Mon * Dieu, je * vou*s* * ai-me * de * tou*t* * mon cœur * par-ce * q*ue* * vou*s* * ê-te*s* * in-fi-ni-men*t* * bon e*t* * in-fi-ni-men*t* * ai-ma-ble, e*t* * j'ai-me * mon * pro-chain * co*m*-me * moi-mê-me * pour * l'a-mour * de vou*s*.

Acte de Contrition.

Mon * Dieu, je * me * re-pens * de * tou*t* * mon cœur * des pé-ché*s* * que * j'ai * co*m*-mi*s* * con-tre vo-tre * a-do-ra-ble * ma-jes-té; je * le*s* * dé-tes-te tou*s*, par-ce * que * vou*s* * ê-te*s* * in-fi-ni-men*t* * bon e*t* * que * le * pé-ché * vou*s* * dé-plaît; je * vous * en de-man-de * très-hum-ble-men*t* * par-don; je * me pro-po-se * de * ne * plu*s* * vou*s* * o*f*-fen-se*r*, moy-e*n*-nan*t* * vo-tre * *s*ain-te * grâ-ce, e*t* * de * sa-tis-fai-re * à * vo-tre * jus-ti-ce.

IX. La Confession des péchés.

Je * me * con-fes-se * à * Dieu * tout-puis-sant, à la * bien-heu-reu-se * Ma-rie * tou-jours * vi-er-ge, à * saint * Mi-chel * Ar-chan-ge, à * saint * Jean Bap-tis-te, aux * bien-heu-reux * A-pô-tres * saint Pi-er-re * et * saint * Paul, et * à * tous * les * Saints, par-ce * que * j'ai * pé-ché * en * pen-sé-es, en * pa-ro-les * et * en * œu-vres : par * ma * fau-te, par ma * fau-te, par * ma * très-gran-de * fau-te;

C'est * pour-quoi * je * prie * la * bien-heu-reu-se Ma-rie * tou-jours * vi-er-ge, saint * Mi-chel * Ar-chan-ge, saint * Jean-Bap-tis-te, saint * Pi-er-re * et saint * Paul, a-pô-tres, et * tous * les * saints, de pri-er * Dieu, no-tre * Sei-gneur, pour * moi.

Que * le * Dieu * tout-puis-sant * nous * fas-se * mi-sé-ri-cor-de, et que nous * ay-ant * par-don-né * nos pé-chés, il * nous * con-dui-se * à la * vie * é-ter-nel-le. Ain-si * soit-il.

Que * le * Dieu * tout-puis-sant * et * mi-sé-ri-cor-dieux * nous * ac-cor-de * le * par-don, l'ab-so-lu-tion, et * la * ré-mis-sion * de * nos * pé-chés. Ain-si soit-il.

CHAPITRE TROISIÈME.

Lecture syllabée avec et sans signes d'épellation.

(Les lettres en caractères italiques ne doivent pas se prononcer.)

Exposition de la doctrine chrétienne.

I.

Il * n'y * a * qu'un * seul * Dieu ; il * ne * peut * y en * a-voir * plu-sieur*s*. Dieu * a * tou-jours * é-té ; il * se-ra * tou-jour*s*. Dieu * es*t* * un * pur * es–prit, il * n'a * poin*t* * de * cor*ps* : on * ne * peu*t* * le * voir en * ce*t*-te * vi*e*. Dieu * es*t* * par-tout, il * voit * tou*t*, il * co*n*-naî*t* * tout, jus-qu'à * no*s* * plus * se-crè-te*s* pen-sé*es*. Dieu * es*t* * tou*t*-pui*s*-sant, in-fi-ni-men*t* bon, jus-te, sai*n*t ; en * un * mo*t*, il * po*s*-sè-de * tou-te*s* * le*s* * per-fec-tion*s*.

II.

Il * y * a * en * Dieu * trois * per-so*n*-nes, ré-el-le-men*t* * dis-tinc-te*s* * l'u-ne * de * l'au-tre : la * pre-miè-re, le * Pè-re ; la * se-con-de, le * Fi*ls* ; la * troi-siè-me, le * Sai*n*t-Es-pri*t*. Le * Pè-re * est * Dieu, le * Fi*ls* * es*t* * Dieu, le * Saint-Esprit * es*t* * Dieu : ce-pen-dan*t*, ce * ne * son*t* * pa*s* * trois * Dieu*x*, mai*s* * trois * per-so*n*-nes * é-ga-les * en * tou-te*s*

cho-se*s*, q*u*i * ne * son*t* * qu'un * seul * e*t* * mê-me
Dieu, par-ce * qu'e*l*-le*s* * n'on*t* * qu'u-ne * mê-me
na-tu-re * e*t* * e*s*-sen-ce * di-vi-ne. C'est * là * ce
qu'on * a*p*-pe*l*-le * le * mys-tè-re * de * la * Très-S*a*in-
te * Tri-ni-té.

III.

C'es*t* * Dieu * q*u*i * a * cré-é * le * Ciel * e*t* * la
Te*r*-re, e*t* * tou*t* * ce * qu'il*s* * ren-fer-men*t*; il * les
a * fai*ts* * de * rien, par * sa * seu-le * vo-lon-té. Il
a * cré-é * les * An-ge*s*; les * un*s* * on*t* * pé-ché, e*t*
son*t* * dan*s* * l'en-fer; les * au-tres, res-té*s* * fi-dè-les
à * Dieu, son*t* * *h*eu-reu*x* * dan*s* * le * Ciel. Dieu * a
fai*t* * les * as-tres, la * te*r*-re, les * a-ni-mau*x*, le*s*
plan-te*s*, pour * l'u-sa-ge * de * l'*h*om-me; mais * il
a * fai*t* * l'*h*om-me * à * son * i-ma-ge, e*t* * u-ni-que-
men*t* * pour * co*n*-naî-tre, ai-me*r*, ser-vir * son * Dieu
sur * la * te*r*-re, e*t* * par * ce * moy-en * ga-gne*r* * le
Pa-ra-di*s*.

IV.

A dam * e*t* * E ve (ce * son*t* * le*s* * nom*s* * du * premier * *h*om-me * e*t* * de * la * pre-miè-re * fe*m* me)
fu-ren*t* * pla-cés * dan*s* * un * jar-din * de * dé-li-ce*s*,
et * ils * ne * de vaien*t* * ja-mais * mou-rir Mai*s*,
ay-ant * dé-so-bé-i * à * Dieu, en * man-gean*t* * du
frui*t* * don*t* * il * leur * a-vait * dé-fen-du * de * man-
ge*r*, il*s* * fu-ren*t* * chas-sés * du * Pa-ra-di*s* * ter-
res-tre, et * con-dam-nés, eu*x* * et * leur * pos-té-

ri-té, au * tra-vail, au*x* * sou*f*-fran-ce*s* * et * à * la mor*t*. C'es*t* * à * cau-se * de * cet-te * dé-so-bé-i*s*-san-ce que * nou*s* * ve-nons * au * mon-de * a-ve*c* * le * pé-ché * o-ri-gi-nel, le-q*u*el * su*f*-fi-sai*t* * pour * nou*s* ex-clu-re * du * ciel.

V.

Dieu * a * eu * pi-tié * du * gen-re * *h*u-m*a*in, et pour * nou*s* * dé-li-vre*r* * de * l'es-cla-va-ge * du * dé-mon * et * nou*s* ren-dre * no*s* * droi*ts* * à * l'*h*é-ri-ta-ge * cé-les-te, la * se-con-de * per-son-ne * de * la S*a*in-te * Tri-ni-té, q*u*i * est * le * F*i*l*s*, a * dai-gné se * fai-re * *H*o*m*-me * et * pren-dre * un * co*r*p*s* * et u-ne * â-me * co*m*-me * le*s* * nô-tre*s*. Le * F*i*l*s* * de Dieu * fait * *H*o*m*-me * s'a*p*-pe*l*-le * Jé-su*s*-C*h*ri*s*t. Il * y * a * en * Jé-su*s*-Chri*s*t * deu*x* * na-tu-re*s*, la na-tu-re * di-vi-ne * e*t* * la * na-tu-re * *h*u-mai-ne ; et * u-ne * seu-le * per-son-ne, la * se-con-de * per-so*n*-ne * de * la * S*a*in-te * Tri-ni-té.

VI.

Ain-si, c'es*t* * le * F*i*l*s* * de * Dieu * q*u*i * s'es*t* fait * *H*o*m*-me * san*s* * ce*s*-ser * d'ê-tre * Dieu. Le Pè-re * ne * s'est * pa*s* * fait * *H*o*m*-me, ni * le * Saint-Es-prit * non * plu*s*. Le * F*i*l*s* * a * tou-jours * é-té Dieu * co*m*-me * le * Pè-re * et * le * Saint-Es-prit, mais * il * n'a * pa*s* * tou-jours * été * *H*o*m*-me. Il ne * s'est * in-*c*ar-né * q*u*e * de-puis * en-vi-ron * mi*l*-le hui*t* * cen*ts* * an*s*.

VII.

Le * Fi*ls* * de * Dieu * a * pris * un * cor*ps* * et u-ne * â-me * dan*s* * le * *s*ein * de * la * Bien-*h*eu-reu-se * Vier-ge * Ma-rie, où * il * a * é-té * con-çu * par l'o-pé-ra-tion * du * S*ai*nt-Espri*t*; et * c'es*t* * ce * qu'on a*p*-pe*l*-le * le * Mys-tè-re * de * l'In-car-na-tion, dont on * fai*t* * la * fê-te * le * ving*t*-cin*q* * mars. La Sain-te * Vier-ge, en * de-ve-nan*t* * Mè-re * de * Dieu, n'a * pa*s* * ce*s*-sé * d'ê-tre * Vier-ge. Le * Fi*ls* * de Dieu * vint * au * mon-de * la * nui*t* * de * No-ël * dans u-ne * pau-vre * é-ta-ble. Hui*t* * jours * a-près, il * fut cir-con-ci*s*, et * on * lui * do*n*-na * le * nom * de * Jé-su*s* q*ui* * si-gni-fie * Sau-veur. Il * vé-cu*t* * sur * la * te*r*-re en-vi-ron * tren-te-trois * an*s*, dan*s* * la * pau-vre-té, l'*h*u-mi-li-té * et * la * pra-ti-que * de * tou-te*s* * les ver-tu*s*. Il * en-sei-gna * l'E-van-gi-le, fit * un * très-gran*d* * nom-bre * de * mi-ra-cle*s* * pour * prou-ve*r* sa * di-vi-ni-té : et * tou-te*s* * le*s* * pro-phé-tie*s* * par les-que*l*-les * Dieu * l'a-vait * a*n*-non-cé * aux * *h*ommes*, s'ac-com-pli-rent * à * la * le*t*-tre * dan*s* * sa per-so*n*-ne.

VIII.

Il * es*t* * mor*t* * vo-lon-tai-re-men*t* * sur * u-ne * croi*x* pour * no*s* * pé-chés, le * jour * du * Ven-dre-di * S*ai*nt; il * a * sou*f*-fer*t* * com-me * *H*om-me, et * il a * don-né, co*m*-me * Dieu, un * prix * in-fi-ni * à * se*s* * souf-fran-ce*s*. Par * sa * Pa*s*-sion * et * par * sa * mor*t*, il nous * a * ra-che-té*s* * de * la * da*m*-na-tion * é-ter-ne*l*-le : c'es*t* * ce * qu'on * a*p*-pe*l*-le * le * Mys-tè-re de * la * Ré-demp-tion. Il * s'es*t* * res-su*s*-ci-té * lui-mê-me, le * troi-siè-me * jour * a-près * sa * mor*t*, le jour * de * Pâ-que*s*; il * es*t* * mon-té * au * Ciel * par sa * pro-pre * ver-tu, le * jour * de * l'A*s*-cen-sion, q*u*a-ran-te * jour*s* * a-près * sa * ré-su*r*-rec-tion; dix jours * a-prè*s* * qu'il * fu*t* * mon-té * au * Ciel, le * jour de * la * Pen-te-cô-te, il * a * en-voy-é * le * Saint-Es-pri*t* * à * ses * A-pô-tre*s*. A * la * fin * du * mon-de, il * vien-dra * de * nou-veau * sur * la * te*r*-re * pour ju-ge*r* * les * *hom*-mes * q*u*i * mour-ron*t* * et * res-su*s*-ci-te-ron*t* * tou*s* : il * do*n*-ne-ra * le * Pa-ra-dis au*x* * jus-te*s*; mais * pour * ceux * qui * se-ron*t* * morts en * pé-ché * mor-tel, tel*s* * q*ue* * les * im-pie*s*, le*s* ju-reur*s*, le*s* * vin-di-ca-tif*s*, les * im-pu-di-que*s*, les i-vro-gnes, etc., il * le*s* * con-da*m*-ne-ra * à * l'En-fer; et * l'En-fer, *a*in-si * q*ue* * le * Pa-ra-di*s*, du-re-ront é-ter-ne*l*-le-ment, c'est-à-dire * n'au-ron*t* * poin*t* * de fin.

IX.

L'É-gli-se * es*t* * la * so-cié-té * de*s* * Fi-dè-le*s* * q*u*i, sou*s* * la * con-dui-te * de*s* * Pas-teur*s* * lé-gi-ti-me*s*, u-nis * à No-tre * S*a*int * Pè-re * le * Pa-pe, croi-e*n*t et * pro-fe*s*-sent * la * Re-li-gion * en-sei-gné-*e* * par Jé-su*s*-C*h*ris*t*, et * par-ti-ci-pen*t* * au*x* * mê-me*s* * sa-cre-men*t*s. Il * n'y * a * qu'u-ne * seu-le * vé-ri-ta-ble * E-gli-se, c'es*t* * l'E-gli-se * Ca-tho-li-q*u*e, A-pos-to-li-q*u*e * Ro-mai-ne. Il * faut * o-bé-ir * à * ceu*x* q*u*i * la * gou-ver-ne*n*t * par * l'au-to-ri-té * de * Jé-su*s*-C*h*ris*t* : ce * son*t* * les * E-vê-que*s* * et * spé-cia-le-men*t* * No-tre * S*a*in*t* * Pè-re * le * Pa-pe * q*u*i, co*m*-me chef de l'E-gli-se, suc-ces-seur de saint Pier-re et vi-cai-re de Jé-sus-Christ, a l'au-to-ri-té sur tous les E-vê-ques et sur tous les Fi-dè-les : cet-te o-bé-is-san-ce est le seul moy-en de ne pas tom-ber dans l'er-reur, se-lon la pro-mes-se de Jé-sus-Christ. Hors de l'E-gli-se point de sa-lut; ain-si, tous ceux qui ne veu-lent point ap-par-te-nir à l'E-glise, ou qui re-fu-sent de lui o-bé-ir, s'ils per-sé-vè-rent dans leur mau-vai-se vo-lon-té, ne peu-vent ê-tre sau-vés. L'E-gli-se, dans un sens plus é-ten-du, ren-fer-me non-seu-le-ment les Fi-dè-les qui sont sur la ter-re, mais aus-si les A-mes qui souf-frent en Pur-ga-toi-re et les Saints qui rè-gnent dans le Ciel. Nous par-ti-ci-pons aux mé-ri-tes des Saints et des Fi-dè-les, et nous pou-vons sou-la-ger les Ames du Pur-ga-toi-re par nos priè-res, nos bon-nes œu-vres, et par l'ap-pli-ca-tion des in-dul-gen-ces ; c'est ce qu'on ap-pel-le la Com-mu-nion des Saints.

Tou-tes ces vé-ri-tés sont con-te-nu-es en subs-tan-ce dans le Sym-bo-le des A-pô-tres : *Je crois en Dieu, etc.* On doit les croi-re fer-me-ment, par-ce qu'el-les ont été ré-vé-lé-es de Dieu mê-me, et qu'el-les sont en-sei-gnées par l'E-gli-se qui est in-fail-li-ble.

Le CREDO *en latin.*

Dans la lecture du latin, toutes les lettres, excepté la lettre *h*, doivent se prononcer. L'*u*, suivi d'un *m* ou d'un *n* dans la même syllabe, se prononce *o* : um (om), un (on); *ch* se prononce toujours *k*. *E* se prononce toujours comme dans le français *vérité*.

Cre-do * in * De-um, Pa-trem * om-ni-po-téntem, cre-a-tó-rem * cœ-li * et * ter-ræ : et * in * Jesum Chris-tum, Fi-li-um * e-jus * u-ni-cum, Dòmi-num * nos-trum : qui * con-cép-tus * est * de Spì-ri-tu * Sanc-to, na-tus * ex * Ma-rì-á * Virgi-ne ; pas-sus * sub * Pòn-tio * Pi-là-to, cru-cifì-xus, mòr-tu-us, et * se-pùl-tus ; des-cén-dit * ad in-fe-ros ; tér-ti-á * di-e * re-sur-ré-xit * à * mortu-is ; as-cén-dit * ad * cœ-los ; se-det * ad * déxte-ram * De-i * Pa-tris * om-ni-po-tén-tis, in-dè ven-tú-rus * est * ju-di-cá-re * vi-vos * et * mor-tu-os.

Cre-do * in * Spì-ri-tum * Sanc-tum, sanc-tam Ec-clé-si-am * ca-thò-li-cam, sanc-tó-rum * commu-ni-ó-nem, re-mis-si-ó-nem * pec-ca-tó-rum, car-nis * re-sur-rec-ti-ó-nem, vi-tam * æ-ter-nam. A-men.

X.

Pour * se * sau ver, il * fau*t* * non-seu le men*t* croi re * fer me men*t* * tou te*s* * ce*s* * vé ri té*s*, mais en co re * vivre * *ch*ré ti e*n* ne men*t* ; il * faut * observer * le*s* * *com* man de men*ts* * de * Dieu * et * de l'E gli se, pra ti que*r* * la * ver tu * et * fuir * le * péché.

Il * y * a * dix * com man de ments * de * Dieu ; le pre mier * nous * o bli ge * de * l'ai mer * sou ve rai ne ment, de * n'a do rer * que * lui * seul, et * d'ai me r * le * pro chain * com me * nous-mê mes * pour l'a mour * de * Dieu ; le * se cond * nous * o bli ge d'ho no rer * son * saint * Nom * et * nous * dé fend de * le * pro fa ner * par * les * ju re ments, les * faux ser ments * et * les * blas phè mes ; le * troi siè me nous * or don ne * de * sanc ti fier * le * Di man che, c'est-à-dire * d'y * en ten dre * au * moins * la * Mes se et * de * nous * y * abs te nir * des * tra vaux * ser vi- les, pour * va quer * plus * li bre ment * à * la * priè re et * aux * bon nes * œu vres ; le * qua triè me * or- don ne * d'ho no rer * ses * pè re * et * mè re, et tous * les * su pé rieurs ; le * cin quiè me * dé fend de * tuer, de * fai re * du * mal * à * son * pro chain, ou * d'a voir * la * vo lon té * de * lui * en * fai re ; il dé fend * aus si * de * don ner * mau vais * ex em ple, d'a voir * de * la * hai ne, de * se * ven ger, et * or- don ne * de * par don ner * à * tous ; le * si xiè me dé fend * tou te * im pu re té, et * tout * ce * qui * y con duit * pro chai ne ment ; le * sep tiè me * dé fend de * pren dre * ou * de * re te nir * le * bien * des au tres, et * de * leur * cau ser * au cun * dom ma- ge ; le * hui tiè me * dé fend * le * faux * témoi gna- ge, le * men son ge, le * ju ge ment * té mé rai re, la * mé di san ce * et * la * ca lom nie ; le * neu viè- me * dé fend * de * dé si rer * les * mau vai ses ac tions * con dam né es * par * le * si xiè me * com- man de ment, et * de * s'ar rê ter * avec * com plai- san ce * à * au cu ne * pen sé e * dés hon nê te ; le di xiè me * dé fend * de * dé si rer * in jus te ment le * bien * des * au tres.

Les * prin ci paux * com man de ments * de * l'E-

gli se * sont : 1º de * sanc ti fier * les * Fê tes * d'o-
bli ga tion ; 2º d'as sis ter * à * la * Mes se * les
Di man ches * et Fê tes ; 3º de * se * con fes ser * au
moins * u ne * fois * l'an ; 4º de * com mu nier * du
moins * u ne * fois * l'an, à * sa * pa rois se, dans
la * quin zai ne * de * Pâ ques ; 5º de * jeû ner * les
Qua tre-Temps, la * veil le * de * cer tai nes * fê tes,
et tout * le * Ca rê me ; 6º de s'abs te nir * de * manger * gras * les * ven dre dis, les * sa me dis * et * les
au tres * jours * dé fen dus, à * moins * qu'on * n'en
soit * dispensé.

Mais, pour * o bé ir * fi dè le ment * à * Dieu * et
à * l'E gli se, nous * a vons * ab so lu ment * be soin
du * se cours * de * la * grâ ce * de * Dieu ; et * pour
l'ob te nir * il * faut * la * lui * de man der * souvent * par * d'hum bles * et * fer ven tes * pri è res,
au * nom * et * par * les * mé ri tes * de * Jé sus-
Christ. La * plus * ex cel len te * des * pri è res
c'est * *No tre* * *Pè re, etc.*, par ce * que * Jé sus-
Christ * lui-mê me * l'a * en sei gné e. Il * est * en-
core * très-utile * d'honorer * et * de * prier * nos
bons * An ges * et * les * Saints * du * Pa ra dis,
par ce * qu'ils * sont * les * a mis * de * Dieu, et
qu'ils * peu vent * beau coup * nous * ai der * par
leur * in ter ces sion. Mais * on * doit * u ne * con-
fian ce * et * u ne * dé vo tion * bien * plus * gran de
en co re * à * la * Très-Sain te * Vier ge, qui * est
pour * nous * a près * et * par * Jé sus-Christ, u ne
a vo ca te * tou te * puis san te * au près * de * Dieu.
La * pri è re qu'on * lui * a dres se * or di nai re ment
c'est *Je* * *vous* * *salue, Marie, etc.*

Le PATER NOSTER *en latin.*

Pa ter * nos ter * qui * es * in * cœ lis, sanc-ti fi cé tur * no mén * tu um; ad vé niat * reg num tu um; fi at * vo lùn tas * tu a, si cut * in * cœlo et * in * ter râ; pa nem * nos trum * quo ti di â-num * da * no bis hò di è * et * di mìt te * no bis dé bi ta * nos tra * si cut * et * nos * di mìt ti mus de bi tò ri bus * nos tris; et * ne * nos * in * dù cas in * ten ta ti ó nem; sed * li be ra * nos * à * malo. A men.

AVE, MARIA.

A ve, Ma rí a, grà ti â * ple nu, Dò mi nus te cum; be ne dìc ta * tu * in * mu li é ri bus, et be ne dìc tus fruc tus * ven tris * tui, Je su.

Sanc ta * Ma rí a, ma ter * Dei, ora * pro * no-bis * pec ca tó ri bus, nunc * et * in * ho râ * mor-tis * nos træ. A men.

XII.

Jé sus-Christ * a * ins ti tu é * les * Sa cre men*ts* pour * nou*s* * don ner * la * grà ce * sanc ti fian te * ou *h*a bi tu el le * en * nou*s* * ap pli quant * les * mé ri te*s* de * se*s* * sou*f* fran ce*s* * et * de * sa * mort. Cet te grà ce * que * les * Sa cre men*ts* * pro dui sen*t* * ou aug men ten*t* * en * nou*s* * est * un * don * de * Dieu, qu*i* * nou*s* * rend * a gré a ble*s* * à * ses * yeu*x*, met

en * nous * son * a mour, et * nous * don ne * droit
à * la * vie * é ter nel le. Les * Sa cre ments * con-
fè rent * en co re * des * grâ ces * par ti cu liè res, propres * à * la * fin * pour * la quel le * cha cun * d'eux
a * é té * ins ti tu é.

Il * y * a * sept * Sa cre ments : le * Bap tê me,
la * Con fir ma tion, la * Pé ni ten ce, l'Eu cha ris tie,
l'Ex trê me–Onc tion, l'Or dre * et * le * Ma ria ge.

Par mi * les * sept * Sa cre ments, il * y * en * a
trois * qu'il * est * plus * es sen tiel * de * con naî tre,
savoir :

XIII.

Le * Bap tê me, sans * le quel * on * ne * peut * en-
trer * dans * le * roy au me * des * cieux. Tou te * per-
son ne * peut * bap ti ser * en * cas * de * né ces si té.
Pour * bap ti ser, on * ver se, et * tou jours * sur * la
tête * au tant * qu'il * est * pos si ble, de * l'eau * na-
tu rel le * qui * doit * tou cher * la * peau; et * en
mê me * temps * qu'on * ver se * l'eau, on * dit : *Je
te * bap ti se * au * nom * du * Pè re, et * du * Fils,
et * du * Saint-Es prit*, a vec * l'in ten tion * de * faire
ce * que * fait * l'Eg li se * en * bap ti sant. Le * Bap-
tême * ef fa ce * en * nous * le * pé ché * o ri gi nel,
nous * don ne la * vie * de * la * grâ ce, et * nous
fait * en fants * de * Dieu * et * de * l'E gli se.

XIV.

Le * Sa cre ment * de * Pé ni ten ce * est * é ta bli
pour * re met tre * les * pé chés * com mis * a près

le * ba*p* tè me ; mai*s* * pour * en * ob te ni*r* * le par don * par * ce * Sa cre men*t*, il * fau*t*, au tant qu'on * peu*t* * s'en * sou ve nir, le*s* * con fes se*r* * tou*s*, du * moin*s* * le*s* mor tels, sans * en * ca cher * un seul, en * a voir * un * vrai * re pen tir * que * Dieu ne * refu se * ja mais * à * ce*ux* * qui * le * lui * de man de*nt* * avec * un * dé sir * sin cè re * de * l'ob te nir ; ê tre * fer me men*t* * ré so lu * de * ne * les plu*s* * com met tre * et * de * qui*t* te*r* * les * oc ca sion*s* * qui * nous * y * fe raie*nt* * re tom be*r* ; en fin, ê tre * dé ci dé * à * fai re * le*s* * ré pa ra tions * au*x* q*u*e*l* le*s* * on * est * o bli gé, e*t* * la * pé ni ten ce * que le * prê tre * im po se. Si * u ne * seu le * de * ce*s* con di tion*s* * man que, l'ab so lu tion * es*t* * nu*l* le ; e*l* le * es*t* * sa cri lé ge * et * un * cri me * de * plu*s*, si * nous * o son*s* * la * re ce voir, sa chan*t* * bien qu'il * nou*s* * man que * quel qu'u ne * de * ce*s* * dis po si tions.

Le CONFITEOR *en latin.*

Con fi te or * *De o* * *om ni po tén ti, be à tœ Ma ri œ* * *sem per* * *Vìr gi ni, be à to* * *Mi cha é li Ar chàn ge lo, be à to* * *Jo àn ni* * *Bap tìs tœ, sanc tis* * *A pòs to lis* * *Pe tro* * *et* * *Pau lo, et om ni bus* * *Sanc tis, qui a* * *pec cà vi* * *ni mis, co gi ta ti ó ne, ver bo* * *et* * *o pe re, me â* * *cul pâ, me â* * *cul pâ, me â* * *ma xi mâ* * *cul pâ : i de ò pre cor* * *be â tam* * *Ma rí am* * *sem per* * *vìr gi nem, be â tum* * *Mi cha é lem* * *Ar chàn ge lum, be â tum* * *Jo àn nem* * *Bap tis tam, sanc tos A pòs to los* * *Pe trum* * *et* * *Pau lum* * *et* * *om nes* * *sanc tos, o râ re* * *pro* * *me* * *ad* * *Dò mi num* * *De um* * *nos trum.*

*Mi ser eâ tur * nos tri * om nì po tens * De us
et, di mis sis * pec cà tis * nos tris, per dû cat * nos
ad * vi tam * œ tér nam. A men.*

*In dul gén ti am, ab so lu ti ô nem * et * re-
mis si ô nem * pec ca tô rum * nos tro rum * tribu at * no bis * om nì po tens * et * mi se ri cors
Dòminus. Amen.*

XV.

L'Eu cha ris ti e * est * le plus * au gus te * de * tous
les * Sa cre ments, par ce * qu'el le * con tient * Jé sus-
Christ * tout * en tier, vrai * Dieu * et * vrai * homme; son * corps, son * sang, son * â me, sa * di vi-
ni té. A * la * Mes se, au * mo ment * où * le * Prê tre
pro non ce * sur * le * pain * et * le * vin * les * pa ro les
de * la * con sé cra tion : *Ce ci * est * mon * corps,
ce ci * est * mon * sang,* le * pain * est * chan gé * au
corps * de * No tre-Sei gneur, et * le * vin * est * chan-
gé * en * son * sang; et * il * ne * res te * plus * du
pain * et * du * vin * que * les * es pè ces * ou * ap pa-
ren ces. Ain si, lors que * le * Saint * Sa cre ment
est * ex po sé * sur * l'au tel, ou * qu'il * est * dans * le
Ta ber na cle, c'est * Jé sus-Christ * ré el le ment
pré sent * qu'on * doit * a do rer; et * quand * on
com mu nie, c'est * Jé sus-Christ * qu'on * re çoit
pour * ê tre * la * nour ri tu re * spi ri tu el le * de
l'â me. Ce * n'est * pas * son * i ma ge * ni * sa * fi gu re,
com me * un * cru ci fix, mais * c'est * Jé sus-Christ
lui-mê me, c'est-à-di re * le * mê me * Fils * de
Dieu, le * mê me * Jé sus-Christ * qui * est * né * de
la * Sain te * Vier ge * Ma ri e, qui * est * mort * pour
nous * sur * la * croix, qui * est * res sus ci té, qui

est * mon té * au * ciel, et * qui * est * dans * la * Sain te
Hos tie * aus si * vé ri ta ble ment * qu'il * est * au
ciel. Pour * bien * com mu nier, il * faut * n'a voir
sur * la * cons cien ce * au cun * pé ché * mor tel :
s'il * y * en * a vait * un * seul * que * l'on * connût,
on * com met trait * un * é nor me * cri me, un * sa-
cri lé ge; on * man ge rait * et * on * boi rait, dit
saint * Paul, son * ju ge ment * et * sa * con dam-
na tion. Il * faut * aus si * ê tre * à jeun, si * ce
n'est * pour * le * Saint * Via ti que.

XVI.

La * Con fir ma tion * nous * don ne * le * Saint-
Es prit, et * u ne * for ce * par ti cu liè re * pour * con-
fes ser * cons tam ment * no tre * foi * et * pour * ré-
sis ter * aux * en ne mis * de * no tre * sa lut; el le
nous * rend * par faits * chré tiens.

XVII.

L'Ex trê me-Onc tion * est * ins ti tu é e * pour * le
sou la ge ment * spi ri tuel * et * cor po rel * des
ma la des; el le * les * ai de * à * mou rir * sain te-
ment.

XVIII.

L'Or dre * don ne * le * pou voir * de * fai re * les
fonc tions * ec clé sias ti ques, et * les * grâ ces

pour * les * ex er ce*r* * di gne men*t*. Le*s* * deu*x* * prin-
ci pa le*s* * fonc tion*s* * des * prê tres * sont : 1º de
cé lé bre*r* * le * *s*ain*t* * sa cri fice * de * la * Me*s* se;
2º de * re me*t* tre * ou * de * re te nir * le*s* * pé ché*s*
au * tri bu nal * de * la * Pé ni ten ce.

XIX.

Le * Ma ria ge * do*n* ne * à * ceu*x* * qui * re çoi-
ve*nt* * ce * sa cre men*t* * le*s* * grâ ce*s* * dont * ils * on*t*
be soin * pour * vi vre * dans * u ne * *s*ain te * u nion
et * pour * é le ve*r* * *ch*ré tie*n* ne ment * leurs * enfan*ts*. Il * es*t* * né ces sai re * d'ê tre * en * é ta*t* * de
grâ ce * pour * re ce voir * a vec * frui*t* * tou*s* * ces
Sa cre men*ts*, ex cep té * ceu*x* * de * Ba*p* tê me * et
de * Pé ni ten ce.

XX.

Il * fau*t* * mou ri*r*; le * mo men*t* * de * no tre * mor*t*
est * in cer tai*n*; de * ce * mo men*t* * dé pen*d* * no tre
bon *h*eur * ou * no tre * mal *h*eur * é ter nel : le * Pa-
ra di*s* * ou * l'En fer * se ra * no tre * par ta ge * pour
tou jour*s*, se lon * l'é ta*t* * de * grâ ce * ou * de * pé-
ché * où * nou*s* * nou*s* * trou ve rons * à * la * mor*t*.
Pen sez-y * bien.

XXI.

Le*s*   prin ci paux   obs ta cle*s*   au   sa lu*t*   sont :
1º la   ma li ce   du   dé mon,   tou jours   vei*l* lan*t*

pour tenter l'homme et l'entraîner dans la voie de perdition; 2° la contagion des mauvais exemples; 3° la témérité à affronter sans précaution les occasions dangereuses; 4° les passions et surtout la passion dominante, celle qui tient au caractère de chacun.

Or, parmi les passions on en compte sept principales, connues sous le nom de péchés capitaux, parce qu'elles renferment presque tous les péchés où l'on peut tomber: 1° l'orgueil, qui engendre le mépris du prochain, l'arrogance, la désobéissance, l'opiniâtreté, l'égoïsme, la susceptibilité, la vanité, etc.; 2° l'avarice ou attache déréglée aux biens de la terre, qui fait oublier ceux du ciel, qui produit la dureté envers les pauvres, qui inspire la convoitise du bien d'autrui, la fraude, le vol, toutes les injustices; 3° la luxure qui, en dépravant les mœurs, tue le corps et l'âme à la fois, et contribue puissamment à la perte éternelle d'une grande partie du genre humain: c'est surtout par les yeux et les oreilles qu'elle pénètre dans l'âme et y fait des ravages effroyables; 4° la jalousie qui s'afflige du succès d'autrui, et qui s'en dédommage par les médisances, les calomnies, les jugements hasardés, etc.; 5° la gourmandise ou sensualité qui conduit l'homme à tous les excès de l'intempérance, comme s'il n'était né que pour boire et manger, et pour se faire un dieu de son ventre; 6° la colère qui change l'homme en une bête furieuse et le rend capable de tous les crimes que peut inspirer la plus aveugle brutalité; 2° enfin la paresse qui, en ôtant à l'âme toute son énergie, lui fait négliger ou omettre ses devoirs les plus essentiels, ceux de son état, ceux de la piété chrétienne, et la rend esclave d'un lâche respect humain.

XXII.

Les principales vertus d'un chrétien sont la Foi, l'Espérance, et la Charité. 1° La Foi est une vertu par laquelle nous croyons fermement toutes les vérités que Dieu a révélées et que l'Eglise nous propose à croire; 2° l'Espérance est une vertu par laquelle nous attendons avec une ferme confiance la vie éternelle et les grâces pour y arriver; 3° la Charité est une vertu par laquelle nous aimons Dieu par-dessus toutes choses, pour l'amour de lui-même, et notre prochain comme nous-mêmes, pour l'amour de Dieu.

XXIII.

De cet amour de Dieu et du prochain découlent, comme de leur source, des œuvres d'autant plus précieuses que Notre-Seigneur regarde comme fait à lui-même tout ce que nous fe rons aux au tres pour l'a mour de lui. C'est ce qu'on ap pel le œuvres de mi sé ri cor de. On en comp te de deux sor tes, dont les u nes re gar dent l'â me, les au tres le corps. Les plus im por tan tes sont : 1° de nour rir ou de vê tir les in digents, de leur pro cu rer de l'ou vra ge et au tres moy ens d'ex is ten ce ; de vi si ter et de soula ger les ma la des et les pri son niers ; de don ner la sé pul tu re aux dé funts ; 2° d'ensei gner aux i gno rants les vé ri tés et les de voirs de la Re li gion, de con so ler les affli gés, de don ner de bons con seils, de suppor ter les dé fauts du pro chain, de par donner les in ju res, de pri er pour les vi vants et pour les morts.

XXIV.

Tout chré tien est o bli gé de fai re des ac tes de Foi, d'Es pé ran ce, et de Cha ri té, lors qu'il a at teint l'u sa ge de la rai son, sou vent pen dant la vie, et sur tout lors qu'il est en dan ger de mort.

Acte de Foi.

Mon Dieu, je crois en vous, parce que vous êtes la vérité même.

Acte d'Espérance.

Mon Dieu, j'espère en vous, parce que vous êtes fidèle.

Acte de Charité.

Mon Dieu, je vous aime de tout mon cœur, parce que vous êtes infiniment aimable.

CHAPITRE IV.

Lecture courante.

(Les lettres en caractères italiques ne doivent pas se prononcer.)

HISTOIRE SAINTE.

I. Création du Monde et de l'Homme.

Au commencement, et avant tous les siècles, de toute éternité, Dieu était; et il était Père, Fils et Saint-Esprit, un seul Dieu en trois personnes; Dieu est un Esprit souverainement heureux et tout-puissant. Parce qu'il est souverainement heureux, il n'a besoin que de lui-même; parce qu'il est tout-puissant, de rien il peut créer tout ce qu'il lui plaît. Ainsi rien n'était que Dieu Père, Fils et Saint-Esprit : tout le reste, que nous voyons et que nous ne voyons pas, n'était rien du tout.

Dieu créa donc, au commencement, le ciel et la terre, les choses visibles et invisibles, la substance spirituelle et la substance corporelle, et l'Ange aussi bien que l'homme. Dieu commanda, et tout sortit du néant à sa parole. Il n'eut qu'à vouloir, et aussitôt tout fut créé, et chaque chose rangée à sa place : la lumière, le firmament, le soleil, la lune, les astres, la terre et la mer, les plantes, les animaux, et enfin l'homme.

Il lui plut de faire le monde en six jours. A la fin du sixième jour, il fit l'homme à son image et à sa ressemblance, en lui créant une âme capable d'intelligence et d'amour, et il voulut qu'il fût éternellement heureux, s'il s'appliquait tout entier à connaître et à aimer son créateur; en même temps il lui donna la grâce de le pouvoir faire. Le bonheur éternel de l'homme devait être de posséder Dieu qui l'avait créé. S'il n'eût point péché, il n'eût point connu la mort, et Dieu avait résolu de le conserver immortel en corps et en âme.

II. Chute d'Adam. — Le Sauveur promis.

Dieu créa pareillement la femme. Il appela l'homme Adam, et la femme Ève, et il voulut que tout le genre humain naquît de ce premier mariage. Il mit nos premiers parents dans le Paradis; c'était un jardin délicieux, et pour montrer qu'il était leur souverain, il leur donna un commandement, qui fut de ne point manger du fruit d'un certain arbre. Dieu appela cet arbre l'Arbre de la science du bien et du mal; le bien était de demeurer soumis à Dieu, et le mal devait paraître, si l'homme désobéissait au commandement divin. L'homme avait été créé bon et saint, mais il n'était pas pour cela incapable de péché, ni absolument parfait. Le démon le tenta. Il désobéit à Dieu, et mangea le fruit défendu; aussitôt Dieu lui prononça son arrêt de mort, et, par un juste châtiment, son péché devint celui de tous ses enfants, c'est-à-dire de tous les hommes, et il fut assujetti à la puissance du démon, parce qu'il s'était laissé vaincre, et Dieu le chassa de son Paradis. Mais, en même temps, touché de pitié, il lui promit que de sa race naîtrait un Sauveur par qui l'empire du démon serait détruit, et l'homme délivré du péché et de la mort; ce Sauveur, c'est le Christ ou le Messie, qui devait naître au milieu des temps.

III. Corruption du monde. — Déluge.

Les *h*ommes ainsi corrompu*s* dè*s* leur origine devenai*ent* plus méchan*ts*, à mesure qu'il*s* se multipliai*ent*. Caïn, l'un des fi*ls* d'Adam, tua son frère Abel le juste, dont il était jaloux, et sa postérité imita ses crimes. Dieu donna Se*th* à Adam à la place d'Abel. La connaissance e*t* le service de Dieu se conservèr*ent* dans la famille de Se*th* jusqu'à ce que, cette fami*ll*e s'étant mêlée avec ce*ll*e de Caïn par des a*ll*iances crimine*ll*es, tout le genre humain fu*t* corrompu. Alors Dieu résolu*t* de faire périr tous les *h*ommes par un déluge universel, réservan*t* seulemen*t* Noé avec sa fami*ll*e, afin de repeupler de nouveau la terre. Avan*t* que d'envoyer le déluge, Dieu ordonna à Noé de faire un gran*d* bâtimen*t* de bois, qu'on appela l'Arche, e*t* de s'y renfermer avec sa fami*ll*e, e*t* des animaux de toutes les espèces. Les eaux s'élevai*ent* par toute la terre, jusqu'à couvrir les plus hautes montagnes : l'Arche, protégée de Dieu, voguait dessus. Noé en sorti*t* quan*d* la terre fut desséchée, un an après qu'il y était entré; la première chose qu'il fi*t* fu*t* d'élever un autel et d'o*ff*rir à Dieu un sacrifice en actions de grâce*s*.

IV. L'ignorance et l'idolâtrie répandues par toute la terre. — Vocation d'Abraham. — Promesses et alliance.

La terre se repeupla d'*h*ommes et d'animaux, e*t* toutes les nations se formèr*ent* des trois enfan*ts* de Noé, Sem, Cham et Japhe*t*. En s'éloignant des commencemen*ts*, les *h*ommes oubliai*ent* Dieu qui avait fai*t* le ciel e*t* la terre, et les avait faits eux-mêmes. On adora les créatures, où l'on vit quelque chose d'excellent, comme les astres, le ciel, les hommes extraordinaires, et l'idolâtrie commença à se répandre par tout l'Univers. La véritable Religion ne laissait pas de se conserver avec le souvenir de la création du monde. Les hommes se la transmettaient les uns aux autres, comme de main en main, mais de peur qu'avec le temps elle ne se perdît tout à fait au milieu de tant de corruption, Dieu appela Abraham, né de la race de Sem ; il fit alliance avec lui, promettant d'être son Dieu et celui de sa postérité, à condition que ce Patriarche et ses descendants lui seraient constamment fidèles. La circoncision fut établie comme le sceau de cette alliance. Abraham fut introduit dans la terre de Chanaan, que Dieu promit de donner à sa postérité : c'est là terre que nous appelons la Judée, la Palestine, ou la terre sainte. Dieu voulait y être servi par les descendants d'Abraham. Pour combler ce Patriarche de ses grâces, il lui promit de nouveau le Sauveur du monde, qui devait naître de sa race, et par lequel toutes les nations, après s'être longtemps égarées, devaient retourner un jour au vrai Dieu qui avait fait le ciel et la terre, les hommes et les animaux.

Dieu confirme l'alliance qu'il avait faite avec Abraham, et renouvelle à Isaac, fils d'Abraham, et à Jacob, son petit-fils, la promesse du Christ, qui devait venir. Il donne à Jacob le nom d'Israël. Abraham, Isaac, et Jacob, vécurent dans la Palestine, sans y avoir de demeure fixe. Leur vie était simple et laborieuse ; ils nourrissaient de grands troupeaux. Dieu bénissait leur travail, parce qu'ils le servaient, et ils étaient respectés des princes et des habitants du pays. Jacob eut douze enfants, qu'on appelle les douze Patriarches, c'est-à-dire les premiers pères des Israélites, et la tige des douze tribus. Telle fut l'origine des Israélites, qu'on appelle aussi les *Hébreux*.

V. Le peuple de Dieu captif en Égypte, et délivré par Moïse.

Une famine universelle obligea Jacob à quitter la terre de Chanaan pour se retirer avec ses enfants dans l'Égypte, qui n'en était pas éloignée. Tout abondait en Égypte, par la prévoyance de Joseph, un des fils de Jacob, et celui qu'il aimait le mieux; mais il croyait l'avoir perdu, et il l'avait pleuré comme mort, il y avait déjà longtemps. Cependant Dieu l'avait conservé miraculeusement, et Pharaon, roi d'Égypte, lui avait donné tout pouvoir dans son royaume. Jacob, reçu en Égypte par ce moyen, s'y établit avec sa famille, et là, prêt à expirer, il bénit ses enfants chacun en particulier. Parmi tous ses enfants, Juda devait être le plus célèbre. C'était du nom de Juda que la Palestine devait un jour tirer son nom, et s'appeler la Judée. De ce même nom, tous les *Hébreux* devaient aussi, un jour, être appelés Judéens ou Juifs. Jacob, en bénissant Juda, lui annonça la gloire de sa postérité et lui promit que le Christ, qui devait sortir de sa race, serait l'attente des nations.

La famille de Jacob devint un grand peuple; elle conserva la foi des Patriarches, et servit le Dieu d'Abraham, d'Isaac et de Jacob, que l'Égypte, plongée dans l'idolâtrie, ne connaissait pas. Cependant un autre Pharaon monta sur le trône, et ne se souvint plus des services de Joseph. La jalousie de ce prince et de tous ses sujets leur fit prendre la résolution d'exterminer tous les *Hébreux*. Dieu les sauva de leurs mains, sous la conduite de Moïse, par des prodiges inouïs. L'Égypte fut frappée de dix terribles fléaux, qu'on appelle les dix plaies de l'Égypte. L'eau des rivières fut changée en sang; les grenouilles remplirent toutes les maisons; des mouches de diverses sortes pénétrèrent partout, et ne laissèrent aux Égyptiens aucun repos. Dieu envoya la mortalité et des ulcères terribles sur les hommes et sur les animaux; la grêle ravagea les moissons, dont les restes furent dévorés par des sauterelles qui couvraient la face de la terre; toute l'Égypte fut couverte de ténèbres épaisses; on ne se connaissait plus; enfin, Dieu envoya son Ange qui, en une nuit, fit mourir tous les premiers-nés des Égyptiens, depuis le fils du roi, assis sur le trône, jusqu'au fils de la servante. Pharaon, cette fois, écouta la voix de Dieu et laissa sortir les Israélites. La mer Rouge s'ouvrit devant eux pour leur faire un passage, et, un peu après, ils virent flotter sur les eaux les corps de Pharaon et des soldats qui avaient voulu les poursuivre. C'est qu'ils s'étaient repentis d'avoir obéi à Dieu; Dieu aussi les fit périr sans miséricorde.

VI. Le peuple dans le désert; la loi; l'entrée dans la terre promise; Josué; David; Salomon; le temple; le schisme de Jéroboam; la captivité de Babylone; les prophéties; l'attente du Christ.

Les Israélites errèrent quarante ans dans le désert; mais Dieu les protégeait. La manne tomba du ciel pour les nourrir; un rocher, frappé par la verge de Moïse, leur fournit des eaux en abondance. Dès le commencement, Dieu leur parut sur le mont Sinaï, avec un étonnant appareil de majesté et de puissance, au milieu des éclairs et des tonnerres. Il écrivit de son doigt, sur deux tables de pierre, les dix commandements, qu'on appelle le Décalogue, et leur donna la loi sous laquelle ils devaient vivre dans la terre de Chanaan, jusqu'à la venue du Christ.

Le temps était arrivé où Dieu avait résolu de donner aux Israélites la terre promise à leurs pères. Moïse, leur législateur, les mena jusqu'à l'entrée de cette terre : Josué les y introduisit, et la partagea entre les douze tribus. Dieu enfin suscita David, qui en acheva la conquête : la royauté fut établie dans sa famille. Dieu lui promit que le Christ sortirait de lui. Aussi David était-il de la tribu de Juda, dont le Messie devait naître, selon l'oracle de Jacob. David chanta dans ses Psaumes les merveilles du Sauveur qui devait venir; il en vit la figure dans la personne de Salomon, son fils et son successeur. Durant le règne de Salomon, le Temple fut bâti dans Jérusalem, et cette sainte cité fut la figure de l'Église chrétienne. Salomon ne fut point fidèle à Dieu, et son royaume fut divisé sous Roboam, son fils et son successeur. Des douze tribus, il y en eut dix qui se séparèrent du Temple et de la famille de David, à qui Dieu avait donné le royaume. Jéroboam fut le chef de ces rebelles; Dieu les rejeta, et le nom en est aboli : c'est la figure des schismatiques qui se séparent de l'Église. La tribu de Juda fut le chef de ceux qui demeurèrent fidèles. Mais les Juifs eux-mêmes oublièrent souvent le Dieu de leurs pères, et leurs infidélités leur attirèrent divers châtiments. Après les impiétés d'Achaz et de Manassès, rois de Juda, Dieu appela Nabuchodonosor, roi de Babylone, pour punir les ingratitudes de son peuple. Jérusalem fut détruite, le Temple réduit en cendres, et tout le peuple mené captif à Babylone. Mais Dieu se souvenait toujours de ses anciennes miséricordes et des promesses qu'il avait faites à Abraham, à Isaac, et à Jacob; ainsi, après soixante-dix ans de captivité, il ramena son peuple dans la terre de ses pères; Jérusalem fut réparée, et le Temple rétabli sur ses ruines. Cyrus, roi de Perse, fut choisi de Dieu pour accomplir cet ouvrage. Esdras et Néhémias y travaillèrent sous les ordres des rois de Perse. En ce temps, et durant plusieurs siècles, Dieu ne cessa d'envoyer ses prophètes, qui reprenaient le peuple et fortifiaient les serviteurs de Dieu dans son culte. En même temps ils prédisaient le règne éternel et les souffrances du Christ; et le peuple de Dieu vivait dans cette attente.

VII. Venue de Jésus-Christ; sa prédication; sa mort; sa résurrection; son ascension; sa toute-puissance.

Il y avait environ quatre mille ans que le monde vivait dans les ténèbres. Dieu n'était connu qu'en Judée et par le plus petit peuple de l'Univers. L'heure étant arrivée où ce Christ tant promis devait venir, Dieu envoya au monde son propre fils : le verbe de Dieu se fit homme. La nouvelle de sa prochaine venue fut annoncée à Marie, qui devait être sa mère. Elle crut. Le Christ, Fils de Dieu, fut conçu dans ses chastes entrailles; car en devenant mère, Marie ne perdit rien de son incomparable pureté. C'est la vertu du Très-Haut qui forma le fils de Dieu dans son sein. A un tel fils il fallait, dans le temps, une mère qui fût et demeurât toujours vierge. Le Christ naquit à Bethléem; il fut circoncis et nommé Jésus, c'est-à-dire Sauveur. Il croissait en obéissant à Marie, sa mère, et à Joseph. A l'âge d'environ trente ans, il fut baptisé par saint Jean-Baptiste; il prêcha dans la Judée et y annonça l'Évangile, c'est-à-dire la bonne nouvelle. Cette bonne nouvelle, c'est la rémission des péchés et la vie éternelle pour ceux qui croiraient en lui, et qui vivraient selon les préceptes de la loi nouvelle qu'il prêchait. Pour jeter les fondements de son Église, il appela ses douze Apôtres, et il choisit saint Pierre pour en être le chef, et commencer la chaîne des Papes qui devaient, jusqu'à la fin des temps, se succéder pour gouverner la société des vrais fidèles.

Cependant la jalousie des Pontifes, des Pharisiens et des Docteurs de la loi, s'élevait contre Jésus, parce qu'il reprenait leurs erreurs et leur hypocrisie; enfin il fut crucifié sur le Calvaire, auprès de Jérusalem, entre deux voleurs. Les Juifs continuèrent à l'outrager au milieu de son supplice, et comme il demanda à boire, on lui présenta du fiel et du vinaigre. Tout ce qui était écrit de lui dans les Psaumes et dans les Prophéties fut accompli : il expira sur la Croix; son corps fut mis dans un tombeau; son âme sainte descendit dans les enfers, où elle délivra les âmes des justes qui y étaient détenus, et elle se réunit à son corps, le troisième jour. Ce jour même, Jésus-Christ ressuscité se fit voir à ses disciples incrédules. Ils voient, ils touchent ses plaies; ils y enfoncent leurs doigts et leurs mains; ils sont convaincus. Durant l'espace de quarante jours, Jésus-Christ leur parle; il les instruit; il envoie ses douze apôtres par toute la terre, pour y être les fondateurs des Églises chrétiennes, et la source de tous les Pasteurs qui les doivent diriger jusqu'à la fin du monde. Enfin, après leur avoir promis d'être toujours avec eux jusqu'à la fin des siècles, il monta aux cieux en leur présence. Là, il est assis à la droite de Dieu, son père, et toute-puissance lui est donnée dans le ciel et sur la terre.

VIII. Descente du Saint-Esprit. — Établissement de l'Église.

Cinquante jours après Pâques, le jour de la Pentecôte, il envoya le Saint-Esprit qu'il avait promis. Les Apôtres, remplis de force, prêchent, par tout l'Univers, Jésus-Christ ressuscité, et la rémission des péchés en son nom et par son sang. En peu de temps ils remplissent tout l'Univers de l'Évangile, ils répandent leur sang pour en confirmer la vérité. L'empereur Néron, le plus infâme et le plus cruel des tyrans, fut le premier persécuteur de l'Église, et fit mourir à Rome les Apôtres saint Pierre et saint Paul. Aussitôt après cette première persécution, la guerre commença contre les Juifs, qui avaient excité l'empire romain contre les Saints, et avaient livré les Apôtres aux empereurs. A ce coup Jérusalem périt sans ressource; le Temple fut consumé par le feu; les Juifs périrent par le glaive. Alors ils ressentirent l'effet de cet anathème qu'ils avaient appelé sur eux : *Que son sang retombe sur nous et sur nos enfants!* La vengeance de Dieu les poursuit, et partout ils sont captifs ou vagabonds. Cependant le monde, corrompu par l'idolâtrie et par toutes sortes de vices, apprend à mener une vie nouvelle. L'Église, persécutée pendant trois cents ans, souffre sans murmurer les dernières extrémités, et tout l'Univers s'unit en vain pour la détruire. La sainteté de ses enfants et la constance de ses martyrs édifient et convertissent tous les peuples. Au temps que Dieu avait résolu de lui donner du repos, il suscita Constantin, empereur romain, son serviteur, qui embrassa publiquement le Christianisme. Les rois de la terre devinrent les enfants et les défenseurs de l'Église, et, selon les anciennes prophéties, elle s'établit par toute la terre. Les *hérésies* prédites par Jésus-Christ et par les Apôtres s'élèvent; tous les Mystères de la foi sont attaqués les uns après les autres : la foi ne fait que s'affermir davantage. Par la sainte doctrine et par l'administration des Sacrements, l'Église produit toujours des Saints qui demeurent inconnus au monde : cependant, chaque siècle est illustré par quelque exemple d'une sainteté éclatante. Au milieu des tentations et des périls, les Chrétiens attendent la résurrection générale, et le jour où Jésus-Christ reviendra, dans sa majesté, juger les vivants et les morts.

Pour imprimer ce récit dans l'esprit des enfants, il est bon de leur faire retenir les noms de ceux dont Dieu s'est principalement servi, parce que l'expérience fait voir que la suite de l'histoire sainte étant attachée à ces noms se conserve mieux dans la mémoire. On pourra donc leur faire les demandes suivantes :

D. *Quel est le créateur du ciel et de la terre?*
R. Dieu éternel, Père, Fils et Saint-Esprit, un seul Dieu en trois personnes.
D. *Quel est le premier homme que Dieu a créé?*
R. C'est Adam.
D. *Quelle est la première femme que Dieu a créée?*
R. C'est Ève.
D. *Sont-ce là nos premiers parents?*
R. Oui, Adam et Ève sont nos premiers parents.
D. *Que nous ont-ils transmis?*
R. Le péché et la mort.
D. *Par quel péché nous ont-ils laissé ce triste héritage?*
R. Par leur désobéissance.

D. *Quel est le premier de tous les Justes qui est mort dans la grâce?*
R. C'est Abel, que son frère Caïn tua par jalousie.
D. *Quel autre enfant Dieu donna-t-il à Adam, à la place d'Abel?*
R. Il lui donna Seth, dans la famille duquel la connaissance de Dieu se conserva.
D. *Comment Dieu punit-il la corruption du monde?*
R. Par le déluge.
D. *N'y avait-il point de Justes sur la terre?*
R. Il y avait le juste Noé.
D. *Quelle grâce Dieu fit-il à Noé?*
R. Il le conserva dans l'Arche, lui et sa famille.
D. *Par qui fut repeuplé le monde?*
R. Le monde fut repeuplé par les trois enfants de Noé, qui sont Sem, Cham, et Japhet.
D. *Avec qui Dieu fit-il d'abord alliance?*
R. Dieu fit d'abord alliance avec Abraham.
D. *De qui Abraham descendait-il?*
R. Abraham descendait de Sem.
D. *Qui sont les Patriarches?*
R. Abraham, Isaac son fils, Jacob, fils d'Isaac, et ses douze enfants.
D. *Jacob n'a-t-il pas aussi un autre nom?*
R. Jacob s'appelle aussi Israël; et c'est de lui que sont sortis les Israélites; c'est-à-dire le peuple de Dieu.
D. *D'où sont sorties les douze tribus d'Israël?*
R. Des douze enfants de Jacob.
D. *Quel est celui de ces douze enfants de Jacob dont J.-C. devait naître?*
R. C'est Juda.

D. *Dans quel pays les Israélites furent-ils d'abord captifs?*
R. En Egypte, où leurs pères s'étaient réfugiés à l'époque d'une famine universelle.
D. *De qui Dieu se servit-il pour les délivrer de cette servitude?*
R. De Moïse.
D. *Par qui Dieu a-t-il donné la loi aux anciens Hébreux?*
R. Par le même Moïse.
D. *Qui les a introduits dans la terre promise?*
R. Josué.
D. *Qui a achevé la conquête de cette terre?*
R. Le roi David.
D. *De quelle tribu était le roi David?*
R. De la tribu de Juda.
D. *Quelle promesse particulière Dieu fit-il à David?*
R. Dieu promit à David que le Christ ou le Messie sortirait de sa race.
D. *Qui a bâti le Temple de Jérusalem?*
R. Salomon, fils de David, un des ancêtres de J.-C.
D. *Que nous figure ce Temple?*
R. L'Eglise catholique où Dieu veut être servi.
D. *Sous quel roi les dix tribus se séparèrent-elles du Temple?*
R. Sous Roboam, fils de Salomon.
D. *Quel fut l'auteur de ce schisme?*
R. Jéroboam, dont le nom est demeuré infâme dans tous les siècles.
D. *Que nous figure cette séparation?*
R. Les hérésies et les schismes.
D. *A quelle tribu s'attachèrent les Israélites qui demeurèrent fidèles?*

R. A la tribu de Juda, dont le Christ devait sortir.

D. *Le Christ était-il attendu par le peuple juif?*

R. Oui, il était attendu; et il était prédit par Moïse, par David, dans ses Psaumes, et par les Prophètes.

D. *En quel temps J.-C. est-il venu?*

R. Environ l'an quatre mille du Monde.

D. *De qui est-il fils?*

R. Il est fils de Dieu, dans l'éternité, et de la Vierge Marie, dans le temps.

D. *Marie est-elle demeurée toujours vierge?*

R. Oui, Marie est demeurée toujours vierge.

D. *Qui sont ceux que J.-C. a appelés pour établir son Église?*

R. Ce sont les douze Apôtres.

D. *Qui est le premier des douze Apôtres et des Chefs de l'Église?*

R. C'est saint Pierre.

D. *Qui lui a donné cette primauté?*

R. Jésus-Christ même.

D. *D'où sont venus tous les Évêques et tous les Pasteurs de l'Église?*

R. Des douze Apôtres.

D. *Qui a été le premier persécuteur de l'Église?*

R. C'est Néron, le plus cruel et le plus infâme des tyrans.

D. *Quels furent les premiers martyrs sous Néron?*

R. Les Apôtres saint Pierre et saint Paul.

D. *Où leur fit-il souffrir le martyre?*

R. A Rome même.

D. *Quel fut le premier prince qui professa publiquement le Christianisme?*

R. L'empereur Constantin.

RECUEIL DE PRIÈRES
ET DE MAXIMES SPIRITUELLES.

PRIÈRE A LA SAINTE VIERGE.

Souvenez-vous, ô Vierge toute pleine de bonté, que jusqu'à ce jour on n'a point entendu dire qu'aucun de ceux qui se sont mis sous votre protection, qui ont réclamé votre intercession et imploré votre secours, ait jamais été abandonné. Animé de la même confiance, ô Vierge des Vierges! ô ma mère! moi aussi, tout pécheur que je suis, j'accours me réfugier auprès de vous; je viens en gémissant me prosterner à vos pieds. O Mère de mon Dieu, ne dédaignez pas ma prière, mais soyez-moi propice, et daignez l'exaucer. Ainsi soit-il.

PRIÈRE A L'ANGE GARDIEN.

Mon bon Ange, qui m'avez été donné de Dieu pour me garder et me conserver, inspirez-moi la volonté de Dieu dans toutes les actions de cette journée, et conduisez-moi dans le chemin du salut. Ainsi soit-il.

La bonne Journée.

Dès le réveil.

Faire le signe de la croix et dire : « Mon Dieu, je vous

» donne mon cœur; prenez-le, s'il vous plaît, afin qu'il
» n'appartienne qu'à vous seul. »

Prière du matin.

Prendre de l'eau bénite, faire sa prière à genoux, avec respect, attention et dévotion, prévoir les fautes où l'on pourrait tomber pendant le jour; se précautionner contre.

Avant le travail.

Faire le signe de la croix, et dire : « Mon Dieu, je vous offre mon travail; je veux le faire pour l'amour de vous, et vous prie d'y donner votre bénédiction. »

Pendant le travail.

Adorable Jésus, j'unis mon travail au vôtre; tout pour vous, ô mon Dieu!

Après le travail.

Mon Dieu, je vous remercie des grâces que vous m'avez faites pendant mon travail; je vous demande pardon des fautes que j'ai commises.

Avant le repas.

Seigneur, bénissez-nous, ainsi que la nourriture que nous allons prendre.

Après le repas.

Nous vous rendons grâces de tous vos bienfaits, ô Dieu tout-puissant, qui vivez et régnez dans les siècles des siècles. Ainsi soit-il.

Quand l'heure sonne.

En tout lieu, à toute heure, Jésus, sois dans mon cœur.

Dans les tentations.

Faire le signe de la croix sur son cœur et dire : « Notre
» Père, qui êtes dans les cieux, ne me laissez pas succom-
» ber à la tentation. »

Quand on voit ou que l'on entend offenser Dieu.

Mon Dieu, que votre nom soit sanctifié !...

Quand on a offensé Dieu.

Dire sur-le-champ : « Je déteste, ô mon Dieu, pour l'amour de vous, le péché que j'ai commis; je vous en demande pardon par le sang de Notre-Seigneur; je ne vous offenserai plus, moyennant votre sainte grâce. »

Dans les souffrances.

O mon Dieu, j'ai mérité de souffrir éternellement dans l'enfer; il est bien juste que je souffre quelque chose sur la terre, en expiation de mes péchés : j'unis mes souffrances aux vôtres.

Dans les pertes et les malheurs.

Le Seigneur me l'avait donné, le Seigneur me l'a ôté : que son saint nom soit béni.

Avant de se coucher.

Prendre de l'eau bénite, faire à genoux la prière et l'examen du soir.

Étant au lit.

Faire le signe de la croix, et dire : « Jésus, soyez mon sauveur : Marie, mère de Dieu, priez pour nous; faites, mon Dieu, que je meure en votre grâce. Que les âmes des fidèles qui sont morts reposent en paix. »

CONSÉCRATION A MARIE.

O ma Reine et ma souveraine, très-sainte Marie ! aujourd'hui... et pour tout le temps de ma vie... et pour l'heure de ma mort... je me confie à votre bonté de mère; je m'abandonne à votre bienheureuse protection; je me jette avec confiance dans le sein de votre miséricorde. Je vous recommande mon âme et mon corps, toutes mes espérances et mes consolations, mon indigence et mes misères, ma vie et la fin de ma vie, afin que par votre très-sainte intercession et par vos mérites, toutes *mes pensées..., mes paroles...., mes actions...., mes affections....,* soient réglées et dirigées selon votre sainte volonté et celle de votre divin Fils... Amen.

CHIFFRES ARABES ET ROMAINS.

1	2	3	4	5	6	7	8	9	10	20
I.	II.	III.	IV.	V.	VI.	VII.	VIII.	IX.	X.	XX.

30	40	50	60	70	80	90	100	200
XXX.	XL.	L.	LX.	LXX.	LXXX.	XC.	C.	CC.

300	400	500	600	700	800	900	1000
CCC.	CD.	D.	DC.	DCC.	DCCC.	CM.	M.

TABLE DE MULTIPLICATION.

2 fois	2	font	4		5 fois	5	font	25
2 »	3	»	6		5 »	6	»	30
2 »	4	»	8		5 »	7	»	35
2 »	5	»	10		5 »	8	»	40
2 »	6	»	12		5 »	9	»	45
2 »	7	»	14		5 »	10	»	50
2 »	8	»	16					
2 »	9	»	18		6 fois	6	font	36
2 »	10	»	20		6 »	7	»	42
					6 »	8	»	48
3 fois	3	font	9		6 »	9	»	54
3 »	4	»	12		6 »	10	»	60
3 »	5	»	15					
3 »	6	»	18		7 fois	7	font	49
3 »	7	»	21		7 »	8	»	56
3 »	8	»	24		7 »	9	»	63
3 »	9	»	27		7 »	10	»	70
3 »	10	»	30					
					8 fois	8	font	64
4 fois	4	font	16		8 »	9	»	72
4 »	5	»	20		8 »	10	»	80
4 »	6	»	24					
4 »	7	»	28		9 fois	9	font	81
4 »	8	»	32		9 »	10	»	90
4 »	9	»	36					
4 »	10	»	40		10 fois	10	font	100

AVIS.

On trouve, chez P. DUCOT, libraire de l'Archevêché, rue Poudiot, 9, à Bordeaux,

Le *Catéchisme du Diocèse*, augmenté d'un *Abrégé d'histoire sainte;*
Le *Nouveau recueil de Cantiques à l'usage des missions et des retraites du Diocèse;*
Le *Calendrier ecclésiastique*, l'*Ordo*, et le *Processionnal;*
Le *Nouveau traité des devoirs du Chrétien*, augmenté des *Règles de la bienséance et de la civilité chrétienne,*
Tous les livres en usage dans les classes des Frères des écoles chrétiennes, l'imagerie, la papeterie, et tout ce qui a rapport aux fournitures des classes.

LES MÊMES OUVRAGES SE TROUVENT AUSSI

Chez **HENRY FAYE**, imprimeur, rue Sainte-Catherine, 139.

www.ingramcontent.com/pod-product-compliance
Lightning Source LLC
LaVergne TN
LVHW021733080426
835510LV00010B/1239